Glaces et entremets glacés

〜 新版 〜

バットや保存袋で作れる
アイスクリーム＆アイスケーキ

若山曜子

マイナビ

はじめに

「できあがった瞬間がおいしいお菓子はアイスクリームだけ」
フランスの製菓学校で、そう言いながら先生がマシーンからすくってくれたアイスクリームの味を、今も忘れることができません。
卵のコクにバニラビーンズの香り。リッチなのだけれど、生クリームが入っていなかったせいか、喉からすっと消えていく。たっぷりと空気を含み、固体でも液体でもなく、体にすんなりと入っていきます。それは確かに、できたてだからこそのおいしさでした。

忘れられないアイスクリームがもうひとつあります。小さいころ、母が家で作ってくれた懐かしいおやつ。こちらは生クリームを泡立て、卵黄、砂糖を混ぜるだけ。冷凍庫の前で待つこと数時間。口に入れるとねっとりと溶けていく、濃厚な味です。
のちに、母が作ったアイスクリームはフランスで完璧（！）という意味の「パルフェ」というお菓子だと知りました。イタリアでは「セミフレッド」（半分凍ったもの、という意味）です。生クリームたっぷりのリッチな配合なのでカチカチに凍ることがない反面、溶けやすいので、お目にかかれるのはレストランのデザートがほとんど。
そんな味も、手作りすれば好きなだけ楽しむことができます。

手作りのアイスクリームは、それぞれの味を凍らせておき、シャリシャリとシンプルな冷たさを味わってもいいし、食べる直前にミキサーにかけ、ふんわりなめらかな口当たりにするのもまたおいしい。その食感の違いも楽しいものです。
冷凍庫に入れておけば食べたい時に食べられる。それは家で楽しむ最高の贅沢です。

アイスクリームを作るときに思い出すのは、「赤毛のアン」に出てくる言葉。ピクニックに行き、初めてアイスクリームを食べたアンは『アイスクリームって言語を絶したものだわ、マリラ。まったく崇高なものね』（L.M. モンゴメリ「赤毛のアン」村岡花子訳 新潮社 1954 年）と興奮して語るのです。
アイスクリームの幸福感を語るのに言葉はいらない……
できたてのアイスクリームを食べるたびに、
私もそう思います。

若山曜子

SOMMAIRE

CHAPITRE 1
保存袋で作る

CHAPITRE 2
バットで作る

CHAPITRE 3
バットで作るアイスケーキ

【この本のルール】
- 保存袋はフリーザー対応のものを使います。
- 保存袋は300ml、バットは800ml前後の容量のものを使っています。
- 砂糖は上白糖、卵はMサイズを使います。
- 小さじ1は5ml、大さじ1は15mlです。
- 電子レンジの加熱時間は600Wのものを基準にしています。
- 冷凍時間、オーブンでの加熱時間などは機種によって異なる場合があります。
　表記の時間を目安にして、様子を見ながら作ってください。

使用する道具

アイスクリームメーカーがなくったって、キッチンにあるいつもの道具で作れます。
ステンレスバットのかわりに使える型もご紹介。

1 **保存袋**
密閉できるフリーズタイプ。この本
のレシピでは19cm×17.5cmサイズく
らいのものがぴったり。

2 **ゴムべら**
耐熱性のもの。とろみのある液体を
扱うので、ゴムべらが活躍。ボウル
から保存袋・バットに移すときなどに。

3 **泡立て器**
主に生クリームを泡立てるときに使
います。泡立てた生クリームとその
ほかの材料を混ぜるときにも。

4 **ディッシャー**
ハンドルタイプ（左）とスコープタイ
プ（右）があり、アイスクリームを丸
く盛り付けるときに使います。

5 **ステンレスバット**
冷えやすく、バット類の中でも早く
アイスクリームがかたまります。
800ml程度入るものを使いましょう。

6 **ホーローバット**
ステンレスよりはやや時間がかかりま
すがかわいい！　どちらも底が13cm
×17.5cm、高さ3cmのものを使用。

7 **ハンドブレンダー**
液体が飛び散りやすいので深さのあ
る筒状の容器の中で使います。ミキ
サーと同様に使ってください。

8 **ハンドミキサー**
パルフェなど、卵や卵白を角が立つ
まで泡立てるときは手早さが必要。
ハンドミキサーがあると便利です。

a パイ皿。ステンレス製で浅く、
実はアイスクリーム向き。b ガラ
ス容器は透けて見えるのでアイス
ケーキに。c 鋳物鍋は保冷性が高
いところが◎。小さめで1〜2人
分ずつ作っても。d テリーヌ型も
ぴったり。陶器だとかわいく、そ
のままテーブルに出せます。
e マフィン型ならグラシン紙を敷
き、1人分ずつ流し込んで作ります。

使用する材料

アイスクリームの材料はとてもシンプル。だからこそ、ちょっといいものを使ってみて。
なめらかに仕上げるための材料も必要です。

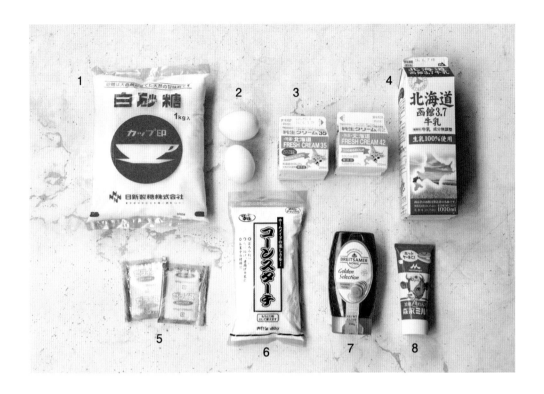

1 砂糖
指定がない場合、上白糖を使います。グラニュー糖に比べややカチカチになりにくく、しっとり仕上がります。

2 卵
基本的にMサイズ（殻を除き、約50〜55g）を使っています。コクのもとになり、空気を含むベースにも。

3 生クリーム
動物性で、42％など高脂肪なものだとねっとりとした食感に。35％を使い、少しさっぱりと仕上げても。

4 牛乳
原料が「生乳」のものを使います。乳脂肪分が3.6％以上だと、ミルクの味が濃厚でおいしくできます。

5 ゼラチン
粉ゼラチンを水でふやかして液体に加えて使います。液体に粘度を与え、なめらかな口当たりになります。

6 コーンスターチ
液体にとろみをつけ、低温でも質感が変わりません。片栗粉のように同量の水で溶いて使うこともあります。

7 はちみつ
自然な甘みのもとになり、少しやわらかくなる効果も。はちみつの風味が必要なければ水あめで代用。

8 コンデンスミルク
甘さとミルキーさを兼ね備えており、さらにねっとりとした質感は低温になっても変わらないという優れもの。

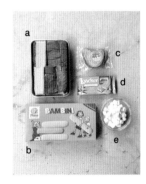

aカステラは生クリームをしみ込ませて凍らせるとしっとり生地に。茶色い部分は除きます。bフィンガービスケットも生クリームやソースなどをしみ込ませるとスポンジケーキのよう。cパイはサクサク感を添えたい場合に。dウエハースはクリームも味の一部に。eマシュマロを加えるとやわらかく仕上がります。小さめがおすすめ。

アイスクリームを上手に作るコツ

アイスクリーム作りには、焼き菓子などとは違ったコツがあります。
ここを失敗しなければ大丈夫! というポイントをご紹介しましょう。

◆ 「泡立て」のポイント

・生クリームの泡立て方

暑い季節はよく冷やしておいた生クリームを、ボウルごと氷水に当てながら泡立てます。角がピンと立ち、ゆっくりと少しおじぎをするくらいが目安。ボウルに水分や汚れがついていると分離の原因になるので注意しましょう。

生クリームを泡立てすぎたら……

角がピンと立つのを通り越し、写真のようにモロモロになってしまったら泡立てすぎた証拠です。泡立てている量の半量ほどの生クリームを注ぎ足してゆっくり混ぜれば戻ります。

・全卵の泡立て方

パルフェ系のアイスクリームを作るときは全卵を湯煎で泡立てます。触ってみて人肌よりあたたまったら湯煎からはずし、冷めるまで泡立てていきます。もったりとして、持ち上げるとゆっくり落ちるくらいが目安です。冷めているかはボウルの底を触って。

◆ 保存袋で作るときは

・ミキサーにかけるのがおいしい!

保存袋で作るタイプはそのままほぐして食べてもシャリシャリとおいしいけれど、ご紹介したどの味もハンドブレンダーかミキサーで仕上げると空気を含んで口当たりがなめらかになり、本格的な味になります。

・保存袋は平らに整えて冷凍庫へ

元になる液体は保存袋に流し入れ、できるだけ薄く、平らになるように整えて凍らせます。乱雑に冷凍庫に入れてブロック上になってしまうと、つぶしにくいだけでなく、ジッパーの部分に液体が噛んで凍ってしまうこともあるのでご注意を。

◆ バットアイスを保存するときは

・ラップとアルミホイルを重ねがけ

バットでアイスクリームを作るときはラップを表面にぴっちりとかけます。少し食べて残った場合も、同様にラップが表面に密着するようにかけてください。数日で食べ終えるのがおいしいけれど、もう少し長く保存する場合は、アルミホイルをかぶせてにおい移りや変質を防御。

かんたんに作れる基本の5種

基本的に保存袋ではシャリシャリしたタイプを、
バットではクリーミーなアイスクリームを作ります。
どちらも材料は多くないし、手間もかかりません。
多少材料や分量が変わってもちゃんとできますから、
お好みの素材を使って楽しんでくださいね。
アイスケーキもバットで作ります。
華やかな出来栄えなので難しそうに感じるかもしれませんが、
それぞれの層はほんとうにかんたん。
まずは試しに、この5種類を！

まずは、保存袋でフルーティなアイスクリームを作ってみましょう。いちごに
甘い味をまぶして凍らせるだけで、甘酸っぱくて色鮮やかないちごアイスのできあがり。

練乳いちご

FRAISES ET LAIT CONCENTRÉ SUCRÉ

いちごの果肉感たっぷりのアイス。糖度の高いコンデンスミルクでつなぐから、
途中で混ぜなくても程よいかたさに仕上がるのです。

[材料]
（袋の大きさ約19cm×17.5cm、3～4人分）

いちご･･････････････････ 1パック
砂糖･･････････････････ 大さじ1
レモン果汁･･･････････ 小さじ1
コンデンスミルク ･････ 50ml

POINT

果肉感を残したいので、凍らせる前も、
あとも、あまりつぶしすぎないようにし
ましょう。クリーミィに仕上げたい場合
は、ハンドブレンダーやミキサーで攪拌
してください。

[作り方]

1 いちごはへたを取り、大き
ければ切る。ボウルに入れ
て砂糖とレモン果汁をまぶ
し、軽くつぶす。

2 水分が出たら水分ごと保存
袋に入れ、コンデンスミル
クも入れる。

3 袋の上からすりこぎなどで
軽く叩いていちごをつぶし
ながら混ぜ、3時間以上冷
凍庫に入れて凍らせる。

4 袋の上からすりこぎなどで軽
く叩いてつぶし、器に盛る。
ハンドブレンダーやミキサー
で攪拌するならここで適当
に割ってから。カチカチなら
しばらく室温に置いても。

レモン ミント

CITRON ET MENTHE

シンプルな材料で作る、すっきりした甘み。
はちみつを加えるので、比較的やわらかく仕上がります。

[材料]
（袋の大きさ約19cm×17.5cm、3〜4人分）

砂糖……………………………大さじ4

はちみつ……………………大さじ2

水………………………………180ml

レモン果汁……………………1個分

レモンの皮のすりおろし …1/2個分

ミントの葉………………………1枝分

あれば器用レモンの皮 ……適量

[下準備]

＊レモンのカップに盛りつけたい場合
　は、レモンを縦半分に切り、ペティ
　ナイフなどで実をくり抜き、ラップ
　で包んで凍らせる。

[作り方]

1 小鍋に砂糖、はちみつ、水を入れて火にかけ、沸騰したら火を止め、ボウルに移す。

2 冷めたらレモン果汁、皮、みじん切りにしたミントを加えて混ぜ、保存袋に入れる。

3 3時間以上冷凍庫に入れて凍らせる。すりこぎなどでつぶしてほぐす。

4 3を凍ったレモンの皮に盛りつける。

バットで作る ⋮ バットもまたアイスクリーム作りの強い味方です。ホイップクリームや水切りヨーグルトを使い、リッチでなめらかな味に仕上げます。まずは手軽な材料の2種類を。

ヨーグルト ブルーベリー

YAOURT ET MYRTILLES

水切りヨーグルトと生クリームを
同量使ったアイスクリームは、爽やかかつ濃厚。
ブルーベリーの酸味をランダムに効かせて。

[材料]（約700ml、5〜6人分）

プレーンヨーグルト …… 400g

生クリーム …………… 200ml

砂糖…………………… 大さじ3

ブルーベリージャム …… 150g

[作り方]

1 ざるにキッチンペーパーを重ねてヨーグルトを入れ、30分以上水切りして200gにする。

2 直前まで冷蔵庫で冷やしておいた生クリームに砂糖を加え、ボウルの底に氷水をあてながら角がゆるく立つくらいまで泡立てる。

3 別のボウルに1の水切りヨーグルトを入れて泡立て器でほぐし、2を加えて混ぜる。

4 バットに流し入れ、ブルーベリージャムをまだらに落とし、軽く混ぜる。ラップを表面に密着するようにかけ、3時間以上冷凍庫に入れて凍らせる。

ヨーグルト マンゴー

YAOURT ET MANGUE

コンビニでも買える冷凍マンゴーは
アイスクリーム作りにも活躍します。
クリームにもなじませ、
トッピングでは果肉感を楽しんで。

[材料]（約700ml、5〜6人分）

プレーンヨーグルト …… 400g

生クリーム …………… 200ml

砂糖…………………… 大さじ1

冷凍マンゴー …………… 200g

砂糖………………………… 大さじ3

はちみつ………………… 大さじ1と1/2

[作り方]

1 ざるにキッチンペーパーを重ねてヨーグルトを入れ、30分以上水切りして200gにする。

2 直前まで冷蔵庫で冷やしておいた生クリームに砂糖大さじ1を加え、ボウルの底に氷水をあてて角がゆるく立つくらいまで泡立てる。

3 別のボウルに1、マンゴーの半量、砂糖大さじ3、はちみつを加え、泡立て器またはフォークでマンゴーをつぶしながら混ぜる。

4 3に2を加えて混ぜる。バットに流し入れ、マンゴーの残りを散らす。

5 ラップを表面に密着するようにかけ、3時間以上冷凍庫に入れて凍らせる。

························· **POINT** ·························

市販のブルーベリージャムは甘さがいろいろです。甘さ控えめのジャムなら砂糖を増やす、とても甘いなら減らすなど、砂糖の量で調整してみてください。

バットで作る
アイスケーキ

アイスクリームと市販のお菓子などを重ねて作る「アイスケーキ」もバットで作れます。
その分量はおいしさ重視なので、好みで加減してくださいね。

ロッキーロード

'ROCKY ROAD'

クッキーにマシュマロ！ チャンクで楽しいチョコレート味のアイスケーキです。
マシュマロはゼラチンと卵白でできていますから、やわらかく仕上がるもとにもなります。
子どもと一緒に食べるときはラム酒抜きでも。

[材料]（約500ml、4〜5人分）

生クリーム …………… 200ml	ビターチョコレート	オレオクッキー ……… 9枚
ココア ………………… 15g	（本書ではカカオ70%のものを使用）	┌ マシュマロ ……… 50g
水…………………… 100ml	………………… 100g	A │ アーモンドチョコレート、
ラム酒……………… 大さじ1	マシュマロ ………… 40g	│ オレオクッキー（それぞれ砕く）
		└ ………………… 各適量

[作り方]

1 直前まで冷蔵庫で冷やしておいた生クリームを、ボウルの底に氷水をあてながら角がピンと立つくらいまで泡立てる。

2 耐熱ボウルにココアを入れ、水とラム酒を少しずつ加えながら練る。ペースト状になったらラップをかけて電子レンジで30秒ほど加熱する。

3 熱いうちに、刻んだチョコレートとマシュマロを加えて混ぜる。チョコレートはほぼ溶けるまで混ぜ、マシュマロは少し残ってOK。

4 1に3を加えて手早く混ぜる。

5 バットに、適当に砕いたオレオを敷き詰め、4を流し入れ、表面をならす。

6 Aを散らし、ラップを表面にぴっちりと密着するようにかける。3時間以上冷凍庫に入れて凍らせる。

お菓子やドリンクと合わせて
もっとおいしく

アイスクリームができあがったら、もうひと工夫！
ますますおいしくなるし、たっぷり作っても飽きずに食べられます。
子どもも大人も楽しめる市販のアイテムとの組み合わせ。

・クッキーやカステラでサンド

アイスクリームの食感と相性がいいのはまずクッキーやビスケットの「サクサク」。食感にめりはりがつくだけでなく、手も汚れません。もうひとつが「ふわふわ」で、カステラはアイスケーキにも使いますが、挟むだけでも「シベリア」みたいに楽しめます。アイスクリームだけで食べるのと違い、口の中が冷たくなりすぎず、また、後味も甘いだけではない香ばしさが残ります。イタリアの発酵焼き菓子「パネトーネ」にはさむのも好きです。

・ホットケーキやクロワッサン、
"アツアツ"との組み合わせ

アツアツのホットアップルパイにアイスクリームを添えるとおいしいですよね！ そんな風に、アツアツのおやつにアイスクリームを添えてみましょう。ホットケーキやあたためたクロワッサンにはぴったりだし、私はドーナツを軽くあたためて添えることもあります。冷凍パイシートを好きな大きさに切ってそのままこんがり焼き上げて添えるのもおすすめです。

・シャンパン、泡モノで
シャリッとしたドリンクに

保存袋で作る、フルーツを使ったシャリシャリ系のものは、シャンパンなどの発泡酒で割ると、暑い日に最高のアペリティフになります。するすると飲めてすっきりとした喉越しです。また、まろやか系のアイスクリームだったらぜひサイダーに加えてクリームソーダに。クリームソーダの魅力はアイスクリームとサイダーの境目がシャリシャリするところ。どちらにせよ、よーく冷やした泡モノとの相性は、抜群なのです。

CHAPITRE 1

保存袋で作る

フリーザー対応の保存袋はアイスクリームやグラニテを作るときに手軽に
使える強い味方です。シャリッとした口当たりのメニューに向いています。
凍りやすいのですが溶けやすい一面もあるので、早めに食べましょう。
ミキサーにかけるとなめらかに仕上がります。

P.20
はちみつミルク

P.20
豆乳ピーナッツ

P.22
グレープフルーツ
アールグレイ

P.23
クルフィ

P.24
パイナップル
アプリコット

P.24
パイナップル
ヨーグルト

P.26
りんごとハーブの
グラニテ

P.28
ぶどうのグラニテ

P.29
すいかのグラニテ

P.30
黒糖コーヒー

P.31
冷やし飴

P.32
パパイヤ ミルク

P.34
バニラ
アイスクリーム

はちみつミルク

LAIT AU MIEL

はちみつの優しい甘さが溶け込んだミルクを凍らせて、
ミルクアイスのできあがり。
ハーブはミントを添えてもおいしいです。

[材料]（袋の大きさ約19cm×17.5cm、3 〜 4人分）

牛乳………………………… 300ml
はちみつ………………… 大さじ3
砂糖………………………… 大さじ1
あればセルフィーユ …… 適量

[作り方]

1 耐熱容器に牛乳の半量、はちみつ、砂糖を入れ、ラップをして電子レンジで1分ほど加熱する。

2 砂糖が溶けたら残りの牛乳を加えて混ぜ、保存袋に入れる。

3 3時間以上冷凍庫に入れて凍らせる。

4 袋の上からすりこぎなどで軽く叩いてつぶし、器に盛ってセルフィーユを飾る。

豆乳ピーナッツ

LAIT DE SOJA ET CACAHUETES

台湾で食べる「豆花」のイメージです。
ピーナッツバターはつぶつぶを楽しめるクランチタイプが
特におすすめ。豆乳の味とも合い、あとを引くおいしさ。

[材料]（袋の大きさ約19cm×17.5cm、3 〜 4人分）

ピーナッツバター … 大さじ1と1/2
はちみつ …………… 大さじ3
砂糖………………… 大さじ1
豆乳………………… 300ml

[作り方]

1 ボウルにピーナッツバター、はちみつ、砂糖を入れ、泡立て器ですり混ぜ、豆乳を少しずつ加える。

2 保存袋に入れ、3時間以上冷凍庫に入れて凍らせる。

3 袋の上からすりこぎなどで軽く叩いてつぶし、器に盛る。

はちみつミルク

豆乳ピーナッツ

グレープフルーツ アールグレイ

PAMPLEMOUSSE ET EARL GREY

アールグレイの香りはベルガモット。華やかで、グレープフルーツの香りとよく合います。
「さっぱり」だけではない、奥深いおいしさです。

[材料]
（袋の大きさ約19cm×17.5cm、3〜4人分）

グレープフルーツ ……………	2個
水……………………………	50ml
砂糖…………………………	50g
アールグレイのティーバッグ …	1個

[作り方]

1　グレープフルーツは皮をむいて房から出す。

2　小鍋に水、砂糖、アールグレイのティーバッグを入れてひ
　と煮立ちさせ、1を加える。

3　火を止めてそのまま冷まし、ティーバッグをとって保存袋
　に流し入れ、3時間以上冷凍庫に入れて凍らせる。

4　袋の上からすりこぎなどで軽く叩いてつぶし、器に盛る。

POINT

グレープフルーツを房から出す
ときは、まず上下を落とし、縦
にワタごと皮をそぎ落とします。
次に薄皮と実の間に包丁を入れ
て返し、房から取り出すと、キ
レイで無駄がありません。

クルフィ

KULFI

インドの冷たいデザート、クルフィ。
カルダモンの香りとみかんの組み合わせが好きで、アレンジしてみました。

[材料]（袋の大きさ約19cm×17.5cm、3〜4人分）

みかん（缶詰）‥‥‥‥‥ 150g
カルダモン（ホール）‥ 2〜3粒
ピスタチオ ‥‥‥‥‥‥ 大さじ1
牛乳‥‥‥‥‥‥‥‥‥ 200ml
コンデンスミルク ‥‥‥ 大さじ3
水溶きコーンスターチ
‥‥‥‥‥‥ コーンスターチと水各大さじ1を混ぜる

‥‥‥‥‥‥‥‥‥ **POINT** ‥‥‥‥‥‥‥‥‥

コーンスターチもまた、自家製アイスクリームをなめらかにする手段のひとつ。片栗粉は冷えると粘度が弱まりますが、コーンスターチはなめらかなまま。だまにならないよう水溶きにして。

[作り方]

1 みかんはざるに上げて水けをきる。カルダモンは殻をはずしてつぶす。ピスタチオは粗く刻む。

2 小鍋に牛乳、コンデンスミルク、1のカルダモンと水溶きコーンスターチを入れて火にかける。

3 弱火にして木べらで混ぜながら煮る。とろみがついたら火を止め、混ぜながら粗熱をとる。

4 保存袋に3、1のみかんとピスタチオを入れ、3時間以上冷凍庫に入れて凍らせる。

5 袋の上からすりこぎなどで軽く叩いてつぶし、器に盛る。

パイナップル アプリコット

ANANAS ET ABRICOTS

仕上げにミキサーにかけているので、とてもなめらか。
パイナップルは缶詰でもできますが、その場合は砂糖を控えめに。

[材料]
（袋の大きさ約19cm×17.5cm、3〜4人分）

ドライあんず ………………… 20g
水…………………………… 100ml
砂糖………………………… 大さじ3
生パイナップル ……………… 150g
ライム果汁 ………………… 1/4個分
ライムの皮のすりおろし …… 少々
ライムの半月切り ………… 適量

[作り方]

1 小鍋にドライあんず、水、砂糖を入れ、弱火で5分煮て火を止める。

2 パイナップルをひと口大に切り、1に加える。

3 ライム果汁をしぼり入れ、皮を加える。

4 3が冷めたら保存袋に入れ、3時間以上冷凍庫に入れて凍らせる。

5 粗く割り、ハンドブレンダーかミキサーでなめらかにする。

6 器に盛り、ライムの半月切りを添える。

POINT

ライムは皮も使うので、ワックス不使用の国産、できれば有機を選びたいところ。しかし、手に入らない場合は、たわしなどでよく洗ってください。

パイナップル ヨーグルト

ANANAS YAOURT

ヨーグルトの酸味の中に、パイナップルがゴロゴロ。
甘いシロップとはちみつがヨーグルトに溶け込んだ爽やかな甘さ。

[材料]
（袋の大きさ約19cm×17.5cm、3〜4人分）

プレーンヨーグルト … 100g

●パイナップルのシロップ煮
生パイナップル ……… 120g
砂糖………………… 大さじ1
水………………… 50ml
※またはパイナップルの缶詰… 120g

パイナップルのシロップ煮の汁
　　　　　　　　　　 大さじ2
※またはパイナップルの缶詰の汁
　　　　　　　　　　 大さじ2
はちみつ …………… 大さじ1と1/2
レモン果汁 ………… 小さじ1

[下準備]

＊ざるなどにキッチンペーパーを重ね、ヨーグルトを入れて30分以上水切りして50gにする（a）。

＊パイナップルはひと口大に切って砂糖と水を小鍋に入れる。軽く煮て、シロップ煮にする。

[作り方]

1 保存袋に水切りヨーグルトとパイナップルのシロップ煮、はちみつ、レモン果汁を入れて軽く混ぜ、3時間以上冷凍庫に入れて凍らせる。

2 袋の上からすりこぎなどで軽く叩いてつぶし、器に盛る。

a

パイナップル アプリコット

パイナップル ヨーグルト

りんごとハーブのグラニテ

POMME AUX HERBES

りんごはペクチンが豊富なので、凍らせてもカチカチになりません。
紅玉を使うと色が鮮やかになるのでおすすめです。

[材料]
（袋の大きさ約19cm×17.5cm、3〜4人分）

りんご（あれば紅玉）…………2個

A
┌ 白ワイン …………………100ml
│ 水 …………………………200ml
│ レモン果汁 …………1/2個分
└ 砂糖 ………………………100g

ハーブティーのティーバッグ…1個

[作り方]

1 りんごは縦4等分にして芯を除き、皮をむく（皮はとっておく）。

2 鍋に1の皮とAを入れて沸騰させ（a）、りんごを入れ（b）、落としぶたをして弱火で15分ほど煮る。

3 りんごに透明感が出てきたら火を止め、ティーバッグを入れて余熱で火を通す（c）。

4 3が冷めたらティーバッグをとって保存袋に入れ、3時間以上冷凍庫に入れて凍らせる。もし入りきらない場合は、熱湯煮沸した瓶で保存して、コンポートとして食べても。

5 袋の上からすりこぎなどで軽く叩いてつぶし、器に盛る。

a

b

c

●○●○●○●○●○● POINT ●○●○●○●○●○●

ハーブティーはなくてもおいしいですが、ここではおすすめのカモミールティーを使いました。ほかにも、ヴェルヴェーヌやレモングラス、またフレッシュのローズマリーやタイムをそのまま入れても。

ぶどうのグラニテ
GRANITÉ RAISIN ROUGE

ぶどうは皮と実の間においしさがあります。だから皮をむかずにミキサーにかけ、
味を出してからこしましょう。さっぱりしているけれど風味は濃厚なのです。

[材料]
（袋の大きさ約19cm×17.5cm、3〜4人分）

ぶどう……………………… 450g
赤ワイン…………………… 100ml
砂糖………………………… 50g

········· **POINT** ·········
ぶどうは凍らせることで細胞が壊れ、果
汁が出やすくなります。赤ワインを入れ
ると風味がいいのでぜひ入れていただき
たいのですが、アルコールが苦手ならぶ
どうジュースと半分ずつや、全量をぶど
うジュースに代えてもOKです。

[下準備]

＊ぶどうは半分に切って種を除き、保存袋などに入れて冷
　凍する。

[作り方]

1 小鍋に赤ワインと砂糖を入れてひと煮立ちさせる。

2 冷凍したぶどうを加えてミキサーにかけ、ざるなどでこ
　す。

3 1と2を保存袋に入れ、3時間以上冷凍庫に入れて凍らせる。

4 袋の上からすりこぎなどで軽く叩いてつぶし、器に盛る。

すいかのグラニテ

GRANITÉ À LA PASTÈQUE

イタリアではすいかを食べるとき、まるで日本での塩のように、
レモンが添えられます。そのすっきりした夏の味を思い出して。

[材料]
（袋の大きさ約19cm×17.5cm、3〜4人分）

すいか……………………… 正味400g

砂糖………………………… 50g

レモン果汁 ………………… 1/2個分

レモンのスライス …… 1〜2枚

•………………… POINT …………………•

大人だけで食べる場合は、ジン、ウォッ
カ、カンパリ、コアントローなどのお好
みのお酒やリキュールを大さじ1ほど、
一緒に保存袋に入れて凍らせてみてくだ
さい。特に贅沢な味わいのグラニテにな
り、夏らしいアペリティフにも。

[作り方]

1 すいかは2cm角に切って種は除く。

2 ボウルに入れ、砂糖とレモン果汁をまぶす。

3 保存袋に2とレモンのスライスを入れ、
3時間以上冷凍庫に入れて凍らせる。

4 袋の上からすりこぎなどで軽く叩いてつぶし、
器に盛る。

黒糖コーヒー

CAFÉ AUX SUCRES DE CANNE

沖縄で黒糖コーヒーのかき氷を食べました。大人の味なのにじゃりっと素朴。
食後の小さなデザートにもいいですね。

[材料]（袋の大きさ約19cm×17.5cm、3 〜 4人分）

黒砂糖……………………………… 50g
水…………………………………… 50ml
濃く淹れたコーヒー ……………… 400ml
あればラム酒、またはアマレット… 大さじ1

[作り方]

1 小鍋に黒砂糖と水を入れ、砂糖が溶けるまで煮詰める。

2 コーヒーに1とラム酒、またはアマレットを混ぜる。

3 2が冷めたら保存袋に入れ、3時間以上冷凍庫に入れて凍らせる。

4 袋の上からすりこぎなどで軽く叩いてつぶし、器に盛る。

冷やし飴
'HIYASHIAME'

岡山の祖母が夏になると作ってくれた、冷やし飴。
しょうががぴりっと効いて、甘いけれどすっきりしたあと味です。

[材料]
（袋の大きさ約19cm×17.5cm、3〜4人分）

しょうがのすりおろし… 1片分（約5g）
水…………………… 250ml
水飴………………… 50g
黒砂糖……………… 20g

[作り方]

1　小鍋に材料をすべて入れ、ひと煮立ちさせる。

2　冷めたらざるなどでこし、保存袋に流し入れる。

3　3時間以上冷凍庫に入れて凍らせる。

4　袋の上からすりこぎなどで軽く叩いてつぶし、器に
　盛る。

POINT

水飴は透明のものと茶色いものがあります。ど
ちらかというと茶色いほうが冷やし飴には合う
ようです。茶色い水飴があれば、砂糖は上白糖
を使っても十分にコクのある味になります。

パパイヤ ミルク

LAIT FRAPPÉ À LA PAPAYE

果肉がとろけるようになめらかな完熟パパイヤは、
ミルクともよく合います。
こちらも台湾で出会ったドリンクをヒントにしました。
マンゴーでもおいしく作れます。

[材料]（袋の大きさ約19cm×17.5cm、3 ～ 4人分）

パパイヤ………………………	正味200g	
┌ 牛乳………………………	50ml	
│ コンデンスミルク ………	大さじ2	
A 砂糖………………………	大さじ1	
│ レモン果汁………………	小さじ1	
└ レモンの皮のすりおろし…	少々	
レモン…………………………	1/8個	

[作り方]

1 パパイヤは2cm角に切り、Aと一緒にハンドブレンダーかミキサーで
　撹拌する。

2 1を保存袋に入れ、3時間以上冷凍庫に入れて凍らせる。

3 袋の上からすりこぎなどで軽く叩いてつぶす（仕上がりはP.32の写真
　右）か、再度ハンドブレンダーかミキサーでなめらかにする（同左）。

4 器に盛り、レモンをしぼっていただく。

······· **POINT** ·······

おいしいパパイヤが手に入った
らぶつ切りにして冷凍しておい
ても。沖縄や台湾のパパイヤ（写
真右）は色が濃くて甘さも強く
お気に入り。八百屋さんなどで
見つけたらぜひお試しを。

バニラ アイスクリーム

GLACE À LA VANILLE

定番の味ですが、これを食べるたびに「できたてのアイスがいちばんおいしい」
と思うのです。ゼラチンでとろみをつけ、なめらかに仕上げます。

[材料]
(袋の大きさ約19cm×17.5cm、3〜4人分)

粉ゼラチン ……………	3g（小さじ1）
水……………………	大さじ1
卵黄…………………	2個分
砂糖…………………	50g
牛乳…………………	250ml
バニラビーンズ ………	1/2本

[下準備]

＊粉ゼラチンは水に振り入れてふやかす。

[作り方]

1 ボウルに卵黄、砂糖の2/3量を加えて白っぽく
　なるまで泡立て器で混ぜる。

2 小鍋に牛乳、残りの砂糖、種をこそげとったバ
　ニラビーンズの種とさやを入れて弱火にかける。
　沸騰寸前で火を止める。

3 1のボウルに2の半量を加えてよく混ぜる。

4 3をすべて鍋に戻し[a]、ゴムべらで絶えず混ぜ
　ながら弱火で煮る。とろみが出てゴムべらに線
　を書いて残るくらい[b]になったら火を止め、ゼ
　ラチンを加え余熱で溶かす。ざるでこし、ボウ
　ルに移す。

5 ボウルの底に氷水をあて、混ぜながら冷ます[c]。

6 保存袋に入れ、3時間以上冷凍庫に入れて凍ら
　せる。

7 ハンドブレンダーかミキサーでなめらかにする。

a

b

c

········ **POINT** ········

もしゼラチンがお手元になければ加えな
くても大丈夫。よりすっきりした口どけ
になります。また、もっと濃厚な味わい
にさせたいときは牛乳の一部を生クリー
ムに置き換えるとこってりした仕上がり。

○ 残った卵白はぜひ焼きメレンゲ（P.57）に。同ページのメレンゲアイスクリームやP.70のモンブランに使えます。

保存袋で楽しむスムージー

保存袋のレシピではフルーツを混ぜたり、
つぶしたりしてから使っていますが、そのまま砂糖をまぶして凍らせても。
牛乳と一緒に撹拌してスムージーを作りましょう!

［作り方］

1　フルーツを凍らせる

好みのフルーツの皮をむき、ひと口サイズに切るなど、
そのまま食べられる状態にして砂糖をまぶす。この砂糖
は甘みをつけるためというよりも、砂糖に水分を吸収さ
せ、凍らせたときにフルーツ同士がくっつくのを防ぐた
め。保存袋に入れ、冷凍庫に入れて凍らせる。

2　牛乳やヨーグルトと混ぜる

凍ったフルーツと牛乳やヨーグルトを一緒にハンドブレ
ンダーやミキサーで撹拌。ミルク系に合う味ならどんな
フルーツでもOK。すいかも意外と合うし、ベリー類は特
にヨーグルトと好相性。また、想像してみて牛乳が合わ
ないかな?　と思ったらオレンジジュースなどで作っても。

Voilà,
c'est fini!

3　スムージーのできあがり!

ハンドブレンダーやミキサーで撹拌してとろりとしたら
できあがり。ミントなどのハーブやはちみつ、コンデン
スミルクなどを加えてもよい(混ぜ込んでもOK)。

CHAPITRE 2

バットで作る

薄くて、基本的に金属でできているバットもまた、アイスクリーム作りにぴったり。
こちらは生クリームを使ったまろやかなタイプや、泡立てた卵を使う「パルフェ」に向いています。
余裕があれば、冷凍庫に入れた1、2時間後にフォークなどで
かき混ぜるとよりふんわり仕上がります。

P.38
クリームチーズ
ストロベリー

P.38
クリームチーズ
オレンジ チョコレート

P.40
アボカド メープル
ヨーグルト

P.42
バナナ メープル
シナモン

P.42
メープル ココナッツ

P.44
マロンホイップ

P.46
抹茶コンデンス
ミルク

P.48
塩ナッツキャラメル

P.50
白味噌白ごまホイップ

P.50
あずきホイップ

P.52
黒みつもち

P.54
かぼちゃのパルフェ

P.56
メレンゲ
アイスクリーム

P.58
ヌガーのパルフェ

P.59
ラムレーズン

クリームチーズ ストロベリー

FROMAGE À LA CRÈME ET CONFITURE AUX FRAISES

クリームチーズで作るアイスクリームはまるでレアチーズケーキ。
いちごジャムは2回に分けて加え、混ぜすぎずに彩りよく仕上げて。

[材料]（約700ml、5〜6人分）

クリームチーズ ………… 200g

砂糖…………………… 大さじ4

牛乳…………………… 大さじ2

生クリーム …………… 200ml

いちごジャム ………… 150g

───────── POINT ─────────

いちごジャムは程よくとろみのあるタイプのほうがアイスクリーム向き。ジャムで甘さを決めるので、ヘルシータイプより、しっかり甘さのあるものを選びましょう。コンビニでも買える普通のものです。

[下準備]

＊クリームチーズは室温に戻しておく。

[作り方]

1 クリームチーズはかたければ耐熱容器に入れ、ラップをかけて電子レンジで軽く加熱する。

2 1をボウルに入れ、砂糖を加えて泡立て器でなめらかになるまで混ぜ、牛乳を加えさらに混ぜる。

3 別のボウルに直前まで冷蔵庫で冷やしておいた生クリームを入れ、ボウルの底に氷水を当てながら、角がピンと立つくらいまで泡立て器で泡立てる。

4 2にいちごジャムの半量と3を加え、泡立て器で全体が均一になるようしっかりと混ぜ、バットなどに流し入れる。

5 残りのいちごジャムを散らし、ラップをかけ、3時間以上冷凍庫に入れて凍らせる。

クリームチーズ オレンジ チョコレート

FROMAGE À LA CRÈME ET MARMELADE ORANGE-CHOCOLAT

チーズ風味のアイスの中に、ほろ苦いオレンジマーマレード、
そして冷えてパリッとしたチョコ。ひと口でめりはりを感じます。

[材料]（約700ml、5〜6人分）

クリームチーズ ………… 200g

砂糖…………………… 大さじ3

牛乳…………………… 大さじ1

生クリーム …………… 200ml

オレンジマーマレード……… 大さじ4

グランマニエ ………… 大さじ1

ビターチョコレート ……… 30g

[下準備]

＊クリームチーズは室温に戻しておく。

[作り方]

1 クリームチーズはかたければ耐熱容器に入れ、ラップをかけて電子レンジで軽く加熱する。

2 1をボウルに入れ、砂糖を加えて泡立て器でなめらかになるまで混ぜ、牛乳を加えてさらに混ぜる。

3 別のボウルに直前まで冷蔵庫で冷やしておいた生クリームを入れ、ボウルの底に氷水を当てながら、角がピンと立つくらいまで泡立て器で泡立てる。

4 2に3、マーマレードの半量、グランマニエを加え、泡立て器で均一になるようしっかりと混ぜ、バットなどに流し入れる。

5 粗く削ったチョコレートと残りのマーマレードを散らし、ラップをかけ、3時間以上冷凍庫に入れて凍らせる。

クリームチーズ
ストロベリー

クリームチーズ
オレンジ チョコレート

39

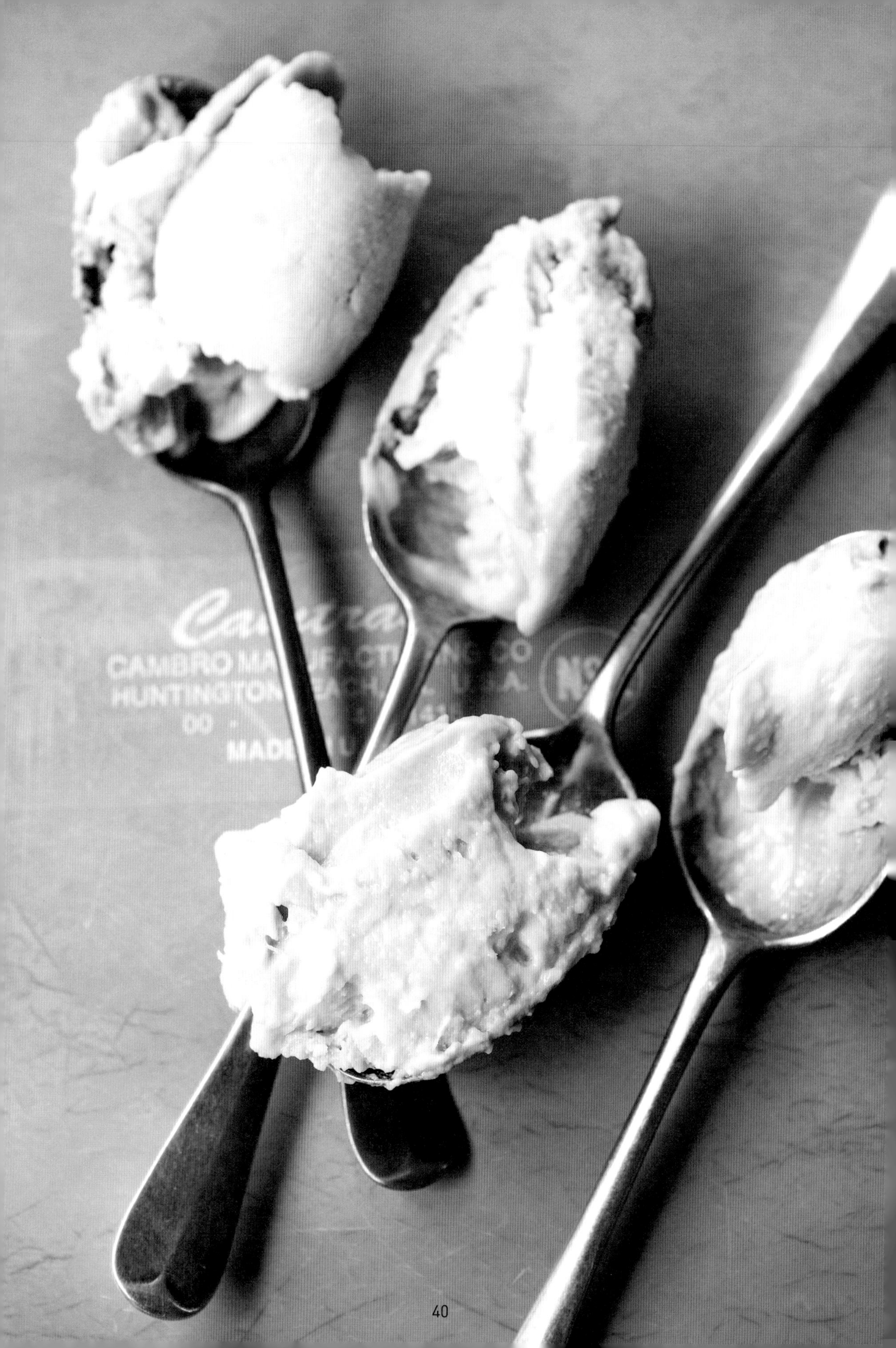

アボカド メープル ヨーグルト

AVOCAT ET YAOURT AU SIROP D'ÉRABLE

アボカドは小さめを使ったほうが、緑色がキレイ。
独特の風味となめらかさを活かした、甘やかな野菜アイスに。

[材料]（約400ml、3 〜 4人分）

プレーンヨーグルト … 200g
アボカド ……………… 正味200g
レモン果汁 …………… 大さじ1
メープルシロップ …… 大さじ4
砂糖………………………… 大さじ3

[下準備]

＊ざるなどにキッチンペーパーを重ね、ヨーグルトを入
　れて30分以上水切りして100gにする（a）。

[作り方]

1　アボカドはスプーンですくってボウルに入れ、レモン
　　果汁とメープルシロップと砂糖を加え、フォークなど
　　でつぶす。

2　1に水切りヨーグルトを加えてざっと混ぜ、ハンドブ
　　レンダーかミキサーでなめらかにする。

3　バットに流し入れ、ラップをかけ、3時間以上冷凍庫
　　に入れて凍らせる。

········· **POINT** ·········

アボカドはミキサーにかけると食感がな
めらかになるだけでなく、青臭さがなく
なって食べやすくなります。手間と感じ
るようなら、フォークでしっかりつぶし
て。また、メープルシロップははちみつ
に置き換えてもおいしくできます。

a

バナナ メープル シナモン

ココナッツ ハニー

バナナ メープル シナモン

BANANE AU SIROP D'ÉRABLE ET À LA CANNELLE

トロピカルなバナナの甘みにまろやかなメープルシロップの味を重ねて。
バナナはペクチンが豊富なので、仕上がりをなめらかにしてくれます。

[材料]（約500ml、4〜5人分）

バナナ ……………………………… 2本
メープルシロップ ……………… 大さじ2
シナモンパウダー ………………… 少々
生クリーム …………………… 200ml
砂糖…………………………… 大さじ2
好みでメープルシロップ（仕上げ用）
 ……………………………… 適量

[作り方]

1 バナナ、メープルシロップ、シナモンパウダーを
 ボウルに入れ、フォークでつぶし混ぜる。

2 別のボウルに直前まで冷蔵庫で冷やしておいた生
 クリームと砂糖を入れ、ボウルの底に氷水を当て
 ながら、角がピンと立つくらいまで泡立て器で泡
 立てる。

3 1と2をさっくりと混ぜてバットなどに流し入れ、
 ラップをかけ3時間以上冷凍庫に入れて凍らせる。

4 仕上げ用のメープルシロップをかける。

ココナッツ ハニー

LAIT DE COCO AU MIEL

ココナッツミルクベースは、不思議とサクサクした仕上がりに。
塩気のあるバターピーナッツとの相性が抜群です。

[材料]（約600ml、4〜5人分）

ココナッツミルク …………200ml
ブラウンシュガー …………40g
はちみつ ………………………大さじ1
水溶きコーンスターチ
 …コーンスターチと水各大さじ1を混ぜる
生クリーム ………………200ml
バターピーナッツ ………適量

a

[作り方]

1 小鍋にココナッツミルクとブラウンシュガー、は
 ちみつを入れて弱火にかけ、沸騰させる。

2 水溶きコーンスターチを加え、とろみがついたら
 火を止める。鍋底をゴムべらでこすってあとが残
 るくらいが目安（a）。粗熱をとる。

3 ボウルに直前まで冷蔵庫で冷やしておいた生クリ
 ームを入れ、ボウルの底に氷水を当てながら、角
 がピンと立つくらいまで泡立て器で泡立てる。

4 冷めた2と3を泡立て器でしっかりと、全体が均一
 になるよう混ぜてバットなどに流し入れ、ラップ
 をかけ、3時間以上冷凍庫に入れて凍らせる。

5 仕上げに砕いたバターピーナッツを散らす。

マロン ホイップ

crème de marrons

マロンクリームの奥深い甘みと生クリーム。
ヨーグルトを少し加えることで軽さを出して。
まるで、モンブランを食べたような贅沢さです。

[材料]（約700ml、5〜6人分）

生クリーム ………………… 200ml
マロンクリーム（缶詰）…… 250g
ラム酒……………………… 小さじ2
プレーンヨーグルト ……… 80g
あればクッキー …………… 適量

[作り方]

1 ボウルに直前まで冷蔵庫で冷やしておいた生クリームを
　入れ、ボウルの底に氷水を当てながら、角がピンと立つ
　くらいまで泡立て器で泡立てる。

2 別のボウルにマロンクリーム、ラム酒、ヨーグルトを入
　れ、泡立て器でなめらかになるまで混ぜる。

3 2に1を加え、さっくりと全体が均一になるよう混ぜる。

4 バットに流し入れ、ラップをかけ、3時間以上冷凍庫に
　入れて凍らせる。

5 器に盛り、好みで砕いたクッキーをのせる。

•••••••••••••••••••••••••••••• POINT ••••••••••••••••••••••••••••••

食べたときに食感があったほうが楽しいので、砕いたクッキー類（特にロー
タスのオリジナルカラメルビスケット！）や栗の渋皮煮などを添えてみてく
ださい。また、ラム酒がなければブランデーなど、お酒を少しでも入れると、
マロングラッセのようなリッチな味わいになります。

•••

○このアイスクリームはP.70のモンブランにも使えます。

抹茶コンデンスミルク

MATCHA ET LAIT CONCENTRÉ SUCRÉ

ほろ苦い抹茶にはコンデンスミルクの濃厚な甘みを合わせました。
抹茶は惜しまず風味のいいものを使うと、味も発色も鮮やかに。

[材料] (約600ml、4 〜 5人分)

抹茶	10g
砂糖	大さじ3
コーンスターチ	大さじ1
水	大さじ2
牛乳	200ml
コンデンスミルク	大さじ2
生クリーム	200ml

[作り方]

1 小鍋に抹茶、砂糖、コーンスターチを入れて泡立て器でさっと混ぜ、
水を一度に加えてしっかり混ぜる。

2 さらに牛乳を少しずつ加えて練る。中火にかけて、だまにならないよ
うに混ぜながら煮る。もし、だまになってしまったらざるでこす。

3 とろみがついたらコンデンスミルクを加えて混ぜ、火を止めて混ぜな
がら冷ます。

4 ボウルに直前まで冷蔵庫で冷やしておいた生クリームを入れ、ボウル
の底に氷水を当てながら、角がピンと立つくらいまで泡立て器で泡立
てる。

5 しっかり冷めた3と4を、泡立て器で全体が均一になるようさっくり
と混ぜてバットに流し入れ、ラップをかけ、3時間以上冷凍庫に入れ
て凍らせる。

········•••••◦◦◦◦◦◦◦ **POINT** ◦◦◦◦◦◦◦•••••········

抹茶は非常に酸化しやすく、風味
が落ちやすい食材です。一度開封
したらしっかり封をして、冷凍庫
にしまいましょう。そして、でき
るだけ早く使いきってください。

塩ナッツ キャラメル

CARAMEL SALÉ AUX NOIX

おつまみナッツの塩気で塩キャラメルの味を完成させます。
キャラメルソースはほかのアイスクリームに添えてもおいしいですよ。

[材料]（約500ml、4〜5人分）

● キャラメルソース
　砂糖 ……………………… 50g
　水 ………………………… 大さじ1
　湯 ………………………… 大さじ2
　生クリーム …………… 大さじ1
　コンデンスミルク ……… 大さじ1

卵 …………………………… 2個
砂糖 ………………………… 大さじ3
生クリーム ……………… 185ml
おつまみ用ナッツ（塩味）… 30g

※キャラメルソースとアイスクリームで生クリーム
　をちょうど1パック使用します。

[作り方]

1　キャラメルソースを作る。小鍋に砂糖と水を入れてなじませ、中火にかける。混ぜずに砂糖を溶かし、ふちから茶色くなって泡立ってきたらゴムべらで混ぜる。全体が醤油のような濃い茶色になったら火を止める（a）。

2　湯を加えて混ぜ、生クリーム、コンデンスミルクも加えて混ぜる（b）。再度中火にかけ、ひと煮立ちしたらキャラメルソースの完成。

3　ボウルに卵と砂糖を入れて湯煎にかけながらハンドミキサーで泡立てる。人肌よりあたたかくなったら湯煎からはずし、さらに泡立てる。もったりとして、持ち上げるとゆっくり落ちるくらいになり、冷めていればOK（c）。

4　別のボウルに直前まで冷蔵庫で冷やしておいた生クリームを入れ、ボウルの底に氷水を当てながら、角がピンと立つくらいまで泡立て器で泡立てる。

5　4のボウルに3の1/3量を加えて泡立て器でしっかり混ぜ、3の残りを加えてさっくりと泡立て器で混ぜる（d）。

6　バットに流し入れ、仕上げ用を適量残したキャラメルソースと粗く刻んだおつまみ用ナッツをふり、ざっくり混ぜる。ラップをかけ、3時間以上冷凍庫に入れて凍らせる。

7　お好みで仕上げに残りのキャラメルソースとナッツを散らす。

a

b

c

d

○ キャラメルソースはP.76のプリン ア ラ モードにも使えます。
　また、アイスクリームにバニラビーンズを加えると同じくプリン ア ラ モードのベースに。

白味噌白ごまホイップ

CRÈME CHANTILLY AU MISO BLANC ET AU SÉSAME BLANC

白味噌の甘さとなめらかさはアイスクリームにしても健在！
甘じょっぱい中にごまの香ばしさも加わり、奥深い味に仕上がります。

[材料]
（約500ml、4〜5人分。 または直径10cmのココット鍋2個分）

白味噌…………………………	大さじ1/2
練り白ごま …………………	小さじ2
生クリーム …………………	300ml
砂糖…………………………	大さじ4

[作り方]

1　白味噌、練り白ごま、生クリーム50ml（残りは冷蔵庫に入れる）、砂糖をボウルに入れ、泡立て器でなめらかになるまで混ぜる [a]。

2　別のボウルに直前まで冷蔵庫で冷やしておいた残りの生クリームを入れ、ボウルの底に氷水を当てながら、角がピンと立つくらいまで泡立てる。

3　1と2を混ぜ、バットなどに流し入れる。ラップをかけ、3時間以上冷凍庫に入れて凍らせる。

a

あずきホイップ

CRÈME CHANTILLY AU HARICOT ROUGE

市販のゆであずきはしっかり甘みがついているので、クリームと混ぜるだけで味が完成。
わずか2つの材料でできるのも魅力的！

[材料]
（約500ml、4〜5人分。
　または直径10cmのココット鍋2個分）

ゆであずき（缶詰） …………	1缶（約210g）
生クリーム …………………	200ml

[作り方]

1　ボウルに直前まで冷蔵庫で冷やしておいた生クリームを入れ、ボウルの底に氷水を当てながら、角がピンと立つくらいまで泡立て器で泡立てる。

2　1にゆであずきをさっくりと混ぜる。

3　バットなどに流し入れてラップをかけ、3時間以上冷凍庫に入れて凍らせる。

白味噌白ごまホイップ

あずきホイップ

黒みつもち

MOCHI AU SIROP DE SUCRÉ DE CANNES

白玉粉を練って作るもちは、凍らせてもやわらか。黒みつときなこを添えて
アイスクリームともちの相性を楽しんでください。

[材料]（約500ml、4〜5人分）

●黒みつ

黒砂糖 …………………………大さじ4

水あめ、またははちみつ …大さじ1と1/2

水 ………………………………大さじ2

●もち

白玉粉 …………………………20g

砂糖 ……………………………小さじ2

水あめ、またははちみつ …小さじ2

サラダ油 ………………………小さじ1/2

水 ………………………………50ml

生クリーム ……………………200ml

きなこ …………………………適量

[作り方]

1 黒みつを作る。材料をすべて耐熱容器に入れて
混ぜ、ふんわりとラップをかけて電子レンジで
30秒〜1分ほど加熱する。ふつふつしてきたら
いったん取り出して混ぜ、さらに10〜30秒ほ
ど加熱する。とろっとなめらかになったらOK。

2 もちを作る。材料をすべて耐熱容器に入れて混
ぜ、ふんわりとラップをかけて電子レンジで50
秒〜1分ほど加熱する。いったん取り出し、熱
いうちに泡立て器でなめらかになるまでよく練
る（a）。再度ふんわりとラップをかけ、10〜30
秒ほど加熱する。最後にもちがなめらかにのび
るようになるまでよく練る（b）。

3 ボウルに直前まで冷蔵庫で冷やしておいた生ク
リームを入れ、ボウルの底に氷水を当てながら、
角がピンと立つくらいまで泡立て器で泡立てる。

4 バットに3を入れ、1の黒みつ大さじ3を加えて
しっかり混ぜる。さらに2のもちを散らし、軽
く混ぜる。ラップをかけ、3時間以上冷凍庫に
入れて凍らせる。

5 器に盛り、きなこと残りの黒みつをかける。

a

b

かぼちゃのパルフェ

PARFAIT AU POTIRON

かぼちゃだけでもおいしいけれど、スパイスを効かせることで
味が引き締まります。甘みには風味豊かなはちみつを加えて。

[材料]（約700ml、5〜6人分。またはマフィン型約6個分）

卵………………………………………………………………1個
砂糖……………………………………………………………大さじ2
はちみつ………………………………………………………大さじ1
生クリーム……………………………………………………200ml
かぼちゃのペースト（市販、または下記）……………………150g
好みのスパイス（シナモン、ジンジャー、カルダモンなどのパウダー）…計小さじ1
あればパンプキンシード、シナモンパウダー………………各適量

[下準備]

＊マフィン型で作る場合はグラシン紙を敷き込む。

[作り方]

1 ボウルに卵、砂糖、はちみつを入れて湯煎にかけながらハンドミキサー
　で泡立てる。人肌よりあたたかくなったら湯煎からはずし、もったりと
　して、持ち上げるとゆっくり落ちるくらいになり、冷めていればOK。

2 別のボウルに直前まで冷蔵庫で冷やしておいた生クリームを入れ、ボウ
　ルの底に氷水を当てながら、角がピンと立つくらいまで泡立て器で泡立
　てる。

3 1にかぼちゃのペーストを加えて泡立て器でよく混ぜ、2も加えて全体
　が均一になるようさっくりと混ぜる。スパイスを加えて味をととのえる。

4 バットやマフィン型などに流し入れてパンプキンシードを散らし、シナ
　モンパウダーをふってラップをかけ、3時間以上冷凍庫に入れて凍らせる。

かぼちゃのペーストの作り方

かぼちゃ………………………… 約250g

1 かぼちゃは水で洗って種を除き、耐熱容器に入れてラップをかけ、電子レ
　ンジで4分ほど加熱する。

2 やわらかくなったら皮を除き、すりこぎやフードプロセッサー、ハンドブ
　レンダーでなめらかにする。

POINT

製菓材料店などで買える市販の冷凍かぼちゃペーストは、お菓子作りはも
ちろんのこと料理にも使えてとても便利。また、旬のかぼちゃを使ってい
るので甘みも強く、おいしいのがうれしいですね。

メレンゲ アイスクリーム

GLACE À LA MERINGUE

焼きメレンゲと生クリームの組み合わせが大好きで、その味をアイスク
リームに仕上げました。甘さと香ばしさをミルクに溶け込ませて。
市販の焼きメレンゲを使ってもOKです。

[材料]（約500ml、4〜5人分）

粉ゼラチン ………………… 3g（小さじ1）
水 ………………………… 大さじ1
牛乳 ……………………… 160ml
焼きメレンゲ（下記）……… 60g
生クリーム ……………… 200ml
仕上げ用焼きメレンゲ …… 適量

[下準備]

＊粉ゼラチンは水に振り入れてふやかす。

[作り方]

1 牛乳を耐熱容器に入れ、電子レンジで40秒ほ
ど加熱し、ふやかしたゼラチンを加えて溶かす。

2 1とメレンゲをハンドブレンダーかミキサーで
なめらかになるまで撹拌する。

3 2をボウルに移し、氷水に当てながらとろみが
出るまで混ぜながら冷やす。

4 別のボウルに冷蔵庫で冷やしておいた生クリー
ムを入れ、ボウルの底に氷水を当てながら、角
がピンと立つくらいまで泡立て器で泡立てる。

5 3と4を混ぜてバットに流し入れ、ラップをかけ、
3時間以上冷凍庫に入れて凍らせる。仕上げ用
焼きメレンゲとともに盛りつける。

焼きメレンゲの作り方（約90g分）
卵白 ………………………… 2個分
砂糖（できればグラニュー糖）… 50g
粉砂糖 …………………………… 50g

[下準備]
＊オーブンを130℃まで予熱する。
＊天板にオーブン用シートを敷き込む。

1 ボウルに卵白と砂糖少々を入れ、ハンドミキサーで軽
く角が立つまで泡立てる。

2 残りの砂糖を少しずつ加え、角がピンと立つまでさら
に泡立てる(a)。

3 粉砂糖をざるでこしながら加え(b)、ゴムべらでさっ
くりと混ぜる。

4 3をしぼり袋に入れ、天板にしぼり出す(c)。

5 130℃のオーブンで1時間30分ほど焼き、オーブンの
中で余熱を入れながら冷まし、取り出す(d)。底を軽
く叩いて「カンカン」と乾いた感触なら焼き上がり。

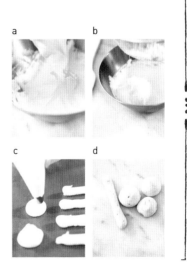

○ 焼きメレンゲはP.70のモンブランにも使えます。乾燥剤と一緒に保存すれば1ヵ月ほどおいしく食べられるので、
　卵白が余ったときなどに作っておくといいでしょう。
○ 残った卵黄はP.34のバニラ アイスクリームやP.73のレモンパイに使えます。

ヌガーのパルフェ

PARFAIT AU NOUGAT

アーモンドのキャラメリゼは、アイスクリームに入れる前についついつまんでしまうおいしさ。
ドライフルーツはお好みのものでもおいしく作れますが、酸味のあるものがおすすめです。

[材料]（約500ml、4〜5人分）

ドライあんず …………　30g
ドライクランベリー …　30g
アーモンドのキャラメリゼ
　………………………　下記の全量
卵白……………………　1個分
はちみつ………………　70g
生クリーム ……………　200ml
マーマレード …………　30g
あればピスタチオ ……　適量

[作り方]

1　ドライあんずとドライクランベリーは湯（分量外）に
　さっと漬けて戻し、刻む。アーモンドのキャラメリ
　ゼはオーブン用シートにはさみ、叩いて砕く。

2　ボウルに卵白を入れ、ハンドミキサーでふんわりと
　角が立つまで泡立てる。

3　小鍋にはちみつを入れて中火にかけ、沸騰し、粘度
　のある泡がゆっくり出るくらいになり、黄色が濃く
　なったら火を止める。

4　2のメレンゲに3のはちみつを少しずつ加えながらハ
　ンドミキサーでしっかり泡立てる。はちみつがすべ
　て入り、ボウルの底に手を当てて熱がなくなるまで
　泡立てる。

5　別のボウルに直前まで冷蔵庫で冷やしておいた生ク
　リームを入れ、ボウルの底に氷水を当てながら、角
　がピンと立つくらいまで泡立て器で泡立てる。

6　1、4、5、マーマレードを混ぜてバットに流し入れ、
　ラップをかけ、3時間以上冷凍庫に入れて凍らせる。
　上に刻んだピスタチオを散らす。

アーモンドのキャラメリゼの作り方
　砂糖·……………………………………　30g
　水·………………………………………　小さじ1
　アーモンド（素焼き）……………………　30g

1　鍋に砂糖と水を入れてなじませ、中火にかける。

2　混ぜずに砂糖を溶かし、全体が透明になったらアーモ
　ンドを入れ（a）、混ぜながら煮詰める。

3　一度白く結晶化する（b）が、そのまま煮詰めていく。
　砂糖が再度透明になり、さらに全体に濃い茶色になっ
　たら火を止める（c）。

4　オーブン用シートを広げて3を流し、室温で冷まして
　かためる（d）。くっつきやすいので、保存する際は缶
　に入れる。2週間保存可能。

a　　　　b

c　　　　d

○ アーモンドのキャラメリゼはP.66のガトー モカにも使えます。

ヌガーのパルフェ

ラムレーズン（P.60）

ラムレーズン

RHUM-RAISIN

大人アイスの代表といえば、ラムレーズン。
ラム酒は贅沢な香りになるだけでなく
仕上がりをやわらかくする効果もあり、
ふんわりとした口当たりにしてくれます。

[材料]（約500ml、4〜5人分）

レーズン ………………	50g
ダークラム …………	50ml
卵……………………	1個
砂糖…………………	大さじ2
生クリーム …………	200ml

[作り方]

1 レーズンはオイルコーティングされていれば
　熱湯をかけ（a）、ざるで水けをきる。ラム酒に
　30分以上漬ける（b）。

2 ボウルに卵と砂糖を入れて湯煎にかけながら
　ハンドミキサーで泡立てる。人肌よりあたた
　かくなったら湯煎からはずし、さらに泡立て
　る。もったりとして、持ち上げるとゆっくり
　落ちるくらいになり、冷めていればOK。

3 別のボウルに直前まで冷蔵庫で冷やしておい
　た生クリームを入れ、ボウルの底に氷水を当
　てながら、角がピンと立つくらいまで泡立て
　器で泡立てる。

4 2と3を泡立て器で全体が均一になるように
　混ぜ、1のラムレーズンをラム酒ごと加える。
　バットに流し入れ、ラップをかけ、3時間以
　上冷凍庫に入れて凍らせる。

a　　　　　　　　b

••••••••••••••••• POINT •••••••••••••••••

ラムレーズンは長く漬けるほどおいしくなります。たっぷ
り漬けておいて、使う分だけ取り出してもいいですね。また、
オイルコーティングされているかどうかは、袋に表示され
ています。ケイクに焼き込んでもおいしいです。

CHAPITRE 3

バットで作るアイスケーキ

アイスケーキは、アイスクリームのもとを作って、ソースやフルーツ、
市販のお菓子などをバットの中に重ねて凍らせます。夏のおもてなしの
主役になるデザートは、断面の層を見せるように取り分けてくださいね。
バットでなくガラス容器やケーキ型にすると、よりかわいい見た目に！

いちごのショートケーキ

FRAISIER

とても贅沢ないちごケーキ。ヨーグルトベースでさっぱりとしたアイス、そして果汁感のあるソースを重ね、甘酸っぱい魅力を味わいます。

[材料]
（約500ml、4～5人分または15cm×15cm、高さ5cmの四角いガラス容器1台分）

● いちごソース
　いちご …………………1/2パック
　砂糖 ……………………大さじ3
　レモン果汁 …………大さじ1

● いちごヨーグルトアイスクリーム
　プレーンヨーグルト…200g
　生クリーム …………100ml
　砂糖 ……………………大さじ1
　いちごソース ………上記のうち80g

A ┌ カステラ ………40g
　└ 生クリーム ……50ml

B ┌ カステラ ………10g
　└ 生クリーム ……小さじ2

● トッピング
　いちご …………………適量
　いちごソース ………残り全量
　好みで生クリーム …適量
　砂糖 ……………………生クリームの10%量

·········· POINT ··········

カステラに生クリームをしみ込ませて凍らせると、それだけでおいしいアイスクリーム生地になるのでお気に入り。このままこれだけで食べるなら、茶色い部分はついてるほうがおすすめです。

[下準備]

＊いちごソースを作る。いちごはへたを取って粗く刻み、砂糖、をまぶし(a)、レモン果汁とともに耐熱容器に入れ、電子レンジで3分ほど加熱。いったん取り出してスプーンなどでつぶし、再度1分ほど加熱する。粗熱がとれたら冷蔵庫で冷やす。

＊ざるなどにキッチンペーパーを重ね、ヨーグルトを入れて30分以上水切りして100gにする。

[作り方]

1　Aのカステラは茶色い部分を取り、厚さ1cmに切って容器の底に敷き詰め、生クリームを含ませる。

2　トッピング用のいちごを縦薄切りにし、バットの側面に貼る(b)。

3　アイスクリームを作る。ボウルに冷蔵庫で冷やしておいた生クリームと砂糖大さじ1を入れ、ボウルの底に氷水を当てながら、角がゆるく立つくらいまで泡立て器で泡立てる。

4　別のボウルに水切りヨーグルトを入れて泡立て器でほぐし、3を加えて混ぜる。

5　いちごソース80gを加え、ざっと混ぜ、2のバットに注ぎ入れる(c)。

6　Bのカステラをほぐし、生クリームをあえてそぼろ状にする。5の上に押し込むように散らし(d)、ラップをかけ、2時間以上冷凍庫に入れて凍らせる。

7　冷やしておいた残りのいちごソースを重ね、さらに30分以上冷凍庫に入れて凍らせる。

8　好みで、食べる前に砂糖を加えて泡立てた生クリームをのせる。

a

b

c

d

ピーチ メルバ

PÊCHE MELBA

桃が主役のデザートといえばピーチメルバです。
甘酸っぱいラズベリーのソースと果肉で色鮮やかに、味も引き締めて。

桃の
シロップ煮
ラズベリー
ラズベリー
ソース
はちみつ
ヨーグルトアイスクリーム

[材料]（約500ml、4 〜 5人分）

●ラズベリーソース
　冷凍ラズベリー ………… 100g
　砂糖 ………………… 大さじ1と1/2
　はちみつ ……………… 大さじ1/2
　レモン汁 ……………… 小さじ1/2

●はちみつヨーグルトアイスクリーム
　プレーンヨーグルト …… 300g
　生クリーム ………… 150g
　砂糖 ………………… 大さじ2
　はちみつ ……………… 40g

●トッピング
　白桃のシロップ煮（缶詰） 3切れ
　冷凍ラズベリー ……… 適量

[下準備]

＊ラズベリーソースを作る。すべての材料を耐熱容器に入れ、
　ラップをかけずに電子レンジで1 〜 2分加熱する。ふつふ
　つしてきたら、バットにざるでこし入れる（a）。20分以上冷
　凍庫に入れて凍らせる（表面だけでOK）。

＊ざるなどにキッチンペーパーを重ね、ヨーグルトを入れて
　30分以上水切りして150gにする。

[作り方]

1 ボウルに直前まで冷蔵庫で冷やしておいた生クリームと砂
　糖を入れ、ボウルの底に氷水を当てながら、角がゆるく立
　つくらいまで泡立て器で泡立てる。

2 別のボウルに水切りヨーグルトとはちみつを混ぜる。

3 1と2を泡立て器でさっくりと全体が均一になるように混ぜ
　る。ラズベリーソースを凍らせた容器に流し入れる（b）。

4 薄く切った桃のシロップ煮、ほぐしたラズベリーを散らし、
　ラップをかけ、3時間以上冷凍庫に入れて凍らせる。

a

b

ガトー モカ

GÂTEAU MOKA

濃厚なコーヒーとナッツの組み合わせはフランス定番の味。
アーモンドのキャラメリゼの層がカリッと甘く映えます。

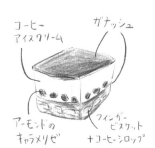

[材料]
（約600ml、4〜5人分。または底面が
18cm×8cm、高さ5cmのテリーヌ型1台分）

● フィンガービスケット…適量

● コーヒーシロップ
　インスタントコーヒー… 小さじ2
　熱湯 ………………… 100ml
　ラム酒 ……………… 大さじ1

● ガナッシュ
　チョコレート ………… 100g
　生クリーム ………… 100ml

● アーモンドのキャラメリゼ
　　………………… 下記の全量

● コーヒーアイスクリーム
　卵 ………………… 2個
　砂糖 ……………… 大さじ4
　インスタントコーヒー　大さじ1/2
　熱湯 ……………… 大さじ1/2
　生クリーム ………… 200ml

[作り方]

1　バットまたはテリーヌ型にオーブンシートを敷き、フィンガービスケットを敷き詰める。

2　コーヒーシロップの材料を混ぜ、1に含ませる（a）。

3　ガナッシュの半量を作る。チョコレートは削り、半量をボウルに入れ、沸騰直前まであたためた半量の生クリームを注いで溶かし、2に注ぎ入れ、軽くのばす。

4　アーモンドのキャラメリゼを砕き、ガナッシュに散らす（b）。

5　アイスクリームを作る。ボウルに卵と砂糖を入れて湯煎にかけながらハンドミキサーで泡立てる。人肌よりあたたかくなったら湯煎からはずし、さらに泡立てる。もったりとして、持ち上げるとゆっくり落ちるくらいになり、冷めていればOK。

6　5に熱湯で溶かしたインスタントコーヒーを加え混ぜる（c）。

7　別のボウルに直前まで冷蔵庫で冷やしておいた生クリームを入れ、ボウルの底に氷水を当てながら、角がピンと立つくらいまで泡立て器で泡立てる。

8　6と7を泡立て器で全体が均一になるまでさっくりと混ぜ、4に流し入れ、30分以上凍らせる。

9　残りのガナッシュを作る。残りのチョコレートをボウルに入れ、沸騰直前まであたためた残りの生クリームを注いで溶かす。8の上面に塗り、2時間30分以上冷凍庫に入れて凍らせる。

a 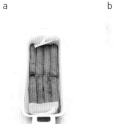　b 　c

アーモンドのキャラメリゼの作り方
砂糖………………………… 30g
水………………………… 小さじ1
アーモンド（素焼き）………… 30g

1　鍋に砂糖と水を入れてなじませ、中火にかける。

2　混ぜずに砂糖を溶かし、全体が透明になったらアーモンドを入れ、混ぜながら煮詰める。

3　一度白く結晶化するが、そのまま煮詰めていく。砂糖が再度透明になり、さらに全体に濃い茶色になったら火を止める。

4　オーブン用シートを広げて3を流し、室温で冷ましてかためる。くっつきやすいので、保存する際は缶に入れる。2週間保存可能。

○ アーモンドのキャラメリゼはP.58のヌガーのパルフェにも使えます。

チャイティー

CHAÏ AUX ÉPICES

アイスクリームの相棒、ウエハースを底に敷いて。
食感がいいだけでなく、ウエハースのバニラクリームが
紅茶やスパイスと合うのです。

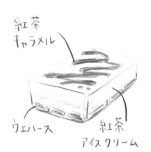

[材料]（約500ml、4〜5人分）

● ウエハース ………… 適量

● 紅茶アイスクリーム

　粉ゼラチン ………… 3g

　水 ……………………… 大さじ1

　紅茶の茶葉

　（アッサム、セイロンなどミルクティーに向くもの）

　………………………… ティーバッグ2個

　水 ……………………… 200ml

　砂糖 …………………… 大さじ1

　はちみつ …………… 大さじ2

　シナモンパウダー、カルダモンパウダー、
　ジンジャーパウダー

　………………………… あるもので計小さじ1

　生クリーム ………… 200ml（40%以上のもの）

　砂糖 …………………… 大さじ2

● 紅茶キャラメル

　熱湯 ………………… 100ml

　紅茶の茶葉

　（アッサム、セイロンなどミルクティーに向くもの）

　………………………… 5g

　砂糖 …………………… 大さじ3

　水 ……………………… 小さじ2

[下準備]

＊粉ゼラチンは水大さじ1にふり入れてふやかす。

[作り方]

1　バットにウエハースを敷き詰める。

2　アイスクリームを作る。鍋に茶葉、水200ml、砂糖大
　さじ1、はちみつ、スパイス類を入れて沸騰させ、ふ
　やかしたゼラチンを溶かして冷ます。

3　ざるなどでこし、ボウルの底に氷水を当て、とろみが
　つくまで混ぜながら冷ます〔a〕。

4　別のボウルに冷蔵庫で冷やしておいた生クリームと砂
　糖大さじ2を入れ、ボウルの底に氷水を当てながら、
　角がピンと立つくらいまで泡立て器で泡立てる。

5　3に4の1/3量を加えて泡立て器でさっくり混ぜ、4に
　戻し入れてさらに混ぜる。1に流し入れ〔b〕、ラップを
　かけ、3時間以上冷凍庫に入れて凍らせる。

6　紅茶キャラメルを作る。熱湯に茶葉を入れて紅茶液を
　作り、冷ます。茶葉をこす。

7　小鍋に砂糖と水を入れてなじませ、中火にかける。混
　ぜずに砂糖を溶かし、ふちから茶色くなって泡立っ
　てきたらゴムべらで混ぜる。全体が醤油のように濃
　い茶色になったら火を止め、6の紅茶液を加えて混ぜ
　る〔c〕。再度中火にかけ、30秒〜1分煮詰めて冷ます。

8　5に7の紅茶キャラメルをランダムにふる。

a

b

c

モンブラン

MONT BLANC

マロンのアイスクリームはモンブランケーキのイメージでこんもりと。
マフィン型で小さく作るのも、プチガトー風でかわいくておすすめ。

[材料]
（約600ml、4〜5人分。または直径
18cm、高さ3cmのガラス容器1台分）

● マロンアイスクリーム
　生クリーム　…………… 200ml
　マロンクリーム（缶詰）… 250g
　ラム酒　……………… 小さじ2
　プレーンヨーグルト　… 80g
● 焼きメレンゲ　………… 適量
● 栗の渋皮煮　………… 適量

[作り方]

1　アイスクリームを作る。ボウルに直前まで冷蔵庫で冷やし
　ておいた生クリームを入れ、ボウルの底に氷水を当てなが
　ら、角がピンと立つくらいまで泡立て器で泡立てる。

2　別のボウルにマロンクリーム、ラム酒、ヨーグルトを入れ、
　泡立て器でなめらかになるまで混ぜる。1を加え、泡立て
　器で均一になるまでさっくりと混ぜる。

3　バットなどにメレンゲをランダムに置き(a)、飾り用はとっ
　ておく。2を盛り、スプーンの背でこんもりとなでつける。

4　栗の渋皮煮と飾り用のメレンゲをのせ、ラップをかけ、3
　時間以上冷凍庫に入れて凍らせる。

a  b  c

焼きメレンゲの作り方（約90g分）
卵白…………………………………… 1個分
砂糖（できればグラニュー糖）…… 30g
粉砂糖…………………………………… 30g

[下準備]
＊オーブンを130℃まで予熱する。
＊天板にオーブン用シートを敷き込む。

1　ボウルに卵白と砂糖少々を入れ、ハンドミキサーで軽く角が立つまで
　泡立てる。

2　残りの砂糖を少しずつ加え、角がピンと立つまでさらに泡立てる(b)。

3　粉砂糖をざるでこしながら加え、ゴムべらでさっくりと混ぜる。

4　3をしぼり袋に入れ、天板にしぼり出す(c)。

5　130℃のオーブンで1時間30分ほど焼き、オーブンの中で余熱を入れ
　ながら冷まし、取り出す。底を軽く叩いて「カンカン」と乾いた感触な
　ら焼き上がり。

○ 残った卵黄はP.34のバニラ アイスクリームやP.73のレモンパイに使えます。
○ マロンアイスクリームはP.44のマロンホイップと同じものです。
○ 焼きメレンゲはP.57のメレンゲ アイスクリームにも使えます。乾燥剤と一緒に保存すれば1ヵ月ほどおいしく食べられるので、卵
　白が余ったときなどに作っておくといいでしょう。

レモンパイ

PALMIER AU CITRON

レモンパイの特徴は少し焦がしたメレンゲの香ばしさ。
ここでは、マシュマロをのせてさっと焼いて再現しました。
また、マシュマロをアイスクリームに混ぜることで
ふんわりかろやかに。

[材料]（約500ml、4〜5人分）

● 市販のパイ菓子 …… 適量

● レモンマシュマロアイスクリーム

卵黄 ……………………	2個分
砂糖 ……………………	60g
レモン果汁 …………	2個分
マシュマロ …………	15g
生クリーム …………	150ml
砂糖 ……………………	大さじ1

● トッピング

マシュマロ …………	30g
レモンの半月切り …	適量

[作り方]

1 バットにパイ菓子を適当に割って敷き詰める。

2 アイスクリームを作る。小鍋に卵黄と砂糖60gを入れ、泡立て器ですり混ぜる（だまにならないようすぐ混ぜること）。レモン果汁を一気に加えて混ぜ、弱火にかけて煮溶かす（a）。

3 とろみがついたら火を止め、マシュマロを加え、余熱で溶かす（b）。

4 ボウルに直前まで冷蔵庫で冷やしておいた生クリームと砂糖大さじ1を入れ、ボウルの底に氷水を当てながら角がピンと立つくらいまで泡立て器で泡立てる。

5 3の粗熱がとれたら4に加えて混ぜ、1のバットに流し入れる（c）。ラップをかけ、3時間以上冷凍庫に入れて凍らせる。

6 トッピングのマシュマロを散らす。魚焼きグリル（またはトースター）に様子を見ながら10〜30秒入れて加熱し、マシュマロに焼き目をつける。好みでレモンを飾る。

a	b	c

○ 残った卵白はぜひ焼きメレンゲに。P.57のメレンゲアイスクリームやP.70のモンブランに使えます。

フォレノワール

FORÊT NOIRE

「黒い森」という名前のお菓子。チョコスポンジを焼くかわりに、
フィンガービスケットにチョコソースをしみ込ませ、お手軽かつ濃厚な味に。
面倒なら市販のブラウニーを使っても。

[材料]（約600ml、4〜5人分）

● フィンガービスケット　……………12〜13本

● チョコレートソース
　水　……………………………………50ml
　ココア　………………………………10g
　生クリーム　………………………50ml
　チョコレート（刻んでおく）…………40g

● ダークチェリーのコンポート
　（市販、または下記）………………80g

● キルシュのパルフェ
　卵　……………………………………2個
　砂糖　…………………………………大さじ4
　生クリーム　………………………200ml
　キルシュワッサー　……………大さじ1

● トッピング
　チョコレート　………………………適量
　ダークチェリーのコンポート…………適量

[作り方]

1　容器に割ったフィンガービスケットを敷き詰める。

2　チョコレートソースを作る。水とココアをボウルに入れてよく溶く。沸騰直前まであたためた生クリームと削ったチョコレートを加え、チョコレートが溶けるまで混ぜる。チョコレートが溶けきらなければ弱火で少しあたためる。1にひたひたまで注いで絡める (a)。

3　ダークチェリーのコンポートをのせる。

4　パルフェを作る。ボウルに卵と砂糖を入れて湯煎にかけハンドミキサーで泡立てる。あたたかくなったら湯煎からはずし、さらに泡立てる。持ち上げるとゆっくり落ちるくらいになり、冷めていればOK (b)。

5　別のボウルに直前まで冷蔵庫で冷やしておいた生クリームを入れ、ボウルの底に氷水を当てながら、角がピンと立つくらいまで泡立て器で泡立てる。

6　4、5、キルシュワッサーを泡立て器でさっくり混ぜ、3に流し入れる。ラップをかけ、3時間以上冷凍庫に入れて凍らせる。

7　トッピングのチョコレートをスプーンなどで削り (c)、ダークチェリーのコンポートとともに散らす。

a

b

c

POINT

缶詰の「ダークチェリーのシロップ煮」を使うなら、キルシュワッサーをふってひと煮立ちさせると風味がよくなります。本来のフォレノワールは小さなチェリー、グリオットを使うのが伝統。キルシュ漬けが手に入れば、ますますおいしいです。

ダークチェリーのコンポートの作り方
アメリカンチェリー　……………　300g
グラニュー糖　……………………　150g
水……………………………………　100ml
レモン果汁　………………………　少々
キルシュワッサー　………………　大さじ1

1　チェリーは半分に切って種を除き、グラニュー糖をまぶして20分ほど置く。

2　鍋に1、水、レモン果汁を入れ、弱火で10分ほど煮る。

3　火を止め、キルシュワッサーを加えて冷ます。

4　熱湯煮沸した瓶に入れ、冷蔵庫で1ヵ月保存可能。

プリン アラ モード

CRÈME CARAMEL AUX FRUITS

卵のコクが広がるバニラアイスとキャラメルを重ねてプリン風。
フルーツを添え、生クリームをしぼることで懐かしいデザートに。

[材料]（約500ml、4〜5人分）

● キャラメルソース

砂糖 ················· 50g

水 ·················· 大さじ1

湯 ·················· 大さじ2

生クリーム ········ 大さじ1

コンデンスミルク ··· 大さじ1

● バニラのパルフェ

バニラビーンズ ······ 1/3本

生クリーム ·········· 185ml

卵 ·················· 2個

砂糖 ················· 大さじ3

● トッピング

好みのフルーツ ······ 適量

あれば生クリーム ··· 適量

砂糖 ················· 生クリームの10%

※ キャラメルソースとパルフェで生クリームをちょ
うど1パック使用します。

[作り方]

1 キャラメルソースを作る。小鍋に砂糖と水を入れてなじま
せ、中火にかける。混ぜずに砂糖を溶かし、ふちから茶色
くなって泡立ってきたら [a] ゴムべらで混ぜる。全体が醤油
のように濃い茶色になったら火を止める。

2 湯、生クリーム、コンデンスミルクを順に加えて [b] 混ぜ、
再度ひと煮立ちさせたら、容器の底いっぱいに流し入れる。

3 パルフェを作る。バニラビーンズはさやをこそげて種を取
り出す。

4 ボウルに直前まで冷蔵庫で冷やしておいた生クリームとバ
ニラビーンズの種を入れ、ボウルの底に氷水を当てながら、
角がピンと立つくらいまで泡立て器で泡立てる。

5 別のボウルに卵と砂糖を入れて湯煎にかけながらハンドミ
キサーで泡立てる。人肌よりあたたかくなったら湯煎から
はずし、さらに泡立てる。もったりとして、持ち上げると
ゆっくり落ちるくらいになり、冷めていればOK。

6 4に5の1/3量を加え泡立て器でよく混ぜたら、5の残りを加
えてさっくり混ぜる。2に流し入れ、トッピングのフルーツ
を盛り、ラップをかけて3時間以上冷凍庫に入れて凍らせる。

7 皿に盛り、砂糖を加えて泡立てた生クリームを添える。

········· POINT ·········

盛りつけるときはいったんトップのフル
ーツをはずし、写真のように底のキャラ
メル部分が上になるよう、上下を返して
お皿にのせるとプリンらしくなります。
そこにフルーツや生クリームを添えて。

a

b

○ キャラメルソースはP.48の塩ナッツ キャラメルにも使えます。また、バニラのパルフェも塩ナッツ キャラメルにアレンジできます。

フルーツ マスカルポーネ

MASCARPONE AUX FRUITS CONCASSÉS

凍ったフルーツはソルベのようにシャリッ。
もちろん、1種類でもいいんです。
マリネにバジルの葉を加えてもいい香り。

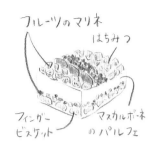

[材料]（約600ml、4〜5人分）
● フルーツのマリネ
　オレンジ …………………1個
　キウイ　…………………1と1/2個
　パイナップル　…………60g
　冷凍ラズベリー　………60g
　砂糖
　　………… フルーツの総量の10％量
　キルシュワッサー　……小さじ1
● フィンガービスケット　適量
● マスカルポーネアイスクリーム
　卵 …………………………2個
　砂糖 ……………………… 大さじ4
　マスカルポーネ ………100g
　生クリーム …………100ml
　あればはちみつ ………適量

[下準備]

＊フルーツのマリネを作る。オレンジは房から出して（P.22
　のグレープフルーツ参照）2〜3等分する。キウイとパ
　イナップルは皮をむいて1.5cm角に切る。ラズベリーは
　ほぐす。ボウルに入れ、砂糖とキルシュワッサーをまぶ
　す（表面に飾る用に別々にマリネしても、あわせてマリ
　ネしてもOK）。

[作り方]

1　バットにフィンガービスケットを敷き詰め、フルーツの
　マリネの半量を重ねる（マリネ液は自然にしみ込ませる）。

2　アイスクリームを作る。ボウルに卵と砂糖を入れて湯煎
　にかけながらハンドミキサーで泡立てる。人肌よりあた
　たかくなったら湯煎からはずし、さらに泡立てる。もっ
　たりとして、持ち上げるとゆっくり落ちるくらいになり、
　冷めていればOK(a)。

3　別のボウルにマスカルポーネを入れ、生クリームを少し
　ずつ加えながら泡立て器でなめらかになるまで混ぜる。

4　3のボウルに2の1/3量を加えて泡立て器で混ぜる。しっ
　かり混ぜたら、残りの2を加えてさっくりと混ぜる。

5　1のバットに注ぎ入れ、残りのフルーツのマリネを盛り
　つける。ラップをかけ、3時間以上冷凍庫に入れて凍ら
　せる。仕上げにはちみつをかける。

a

菓子・料理研究家。東京外国語大学フランス語学科卒業後パリへ留学。ル・コルドンブルーパリ、エコール・フェランディを経て、フランス国家調理師資格（CAP）を取得。パリのパティスリーやレストランで研鑽を積み、帰国後は雑誌や書籍やテレビのほか、企業のレシピ開発、料理教室の主宰など幅広く活躍中。お菓子・料理ともに作りやすく、見た目も美しいと評判が高い。著書に『フライパン煮込み』、『フライパンパスタ』（ともに主婦と生活社）、『レモンのお菓子』、『いちごのお菓子』（ともにマイナビ出版）ほか多数。https://www.tavechao.com/

わかやま・ようこ
若山曜子

材料提供
cuoca（クオカ）
http://www.cuoca.com/
cotta（コッタ）
https://www.cotta.jp

撮影協力
UTUWA
AWABEES
http://www.awabees.com

撮影
新居明子

スタイリング
駒井京子

アートディレクション＆デザイン
川村よしえ（otome-graph.）

調理アシスタント
尾崎史江、細井美波、成田麻子

イラスト
佐伯ゆう子

取材／文
北條芽以

校正
西進社

編集
植木優帆

新版
バットや保存袋で作れる
アイスクリーム＆アイスケーキ

2021年4月30日　初版第1刷　発行
2023年8月10日　初版第5刷　発行

著者　　若山曜子
発行者　角竹輝紀

発行所　株式会社マイナビ出版
　　　　〒101-0003 東京都千代田区一ツ橋2-6-3
　　　　一ツ橋ビル2F
　　　　TEL：0480-38-6872（注文専用ダイヤル）
　　　　TEL：03-3556-2731（販売部）
　　　　TEL：03-3556-2735（編集部）
　　　　E-mail：pc-books@mynavi.jp
　　　　URL：https://book.mynavi.jp

印刷・製本 図書印刷株式会社